017 불안

오지유   김성원   김태우   소빛   안시온
선지음   장윤정   추단비   정상윤   온우설
서혜린   왕성필   강호정   주민   이영
김여원   우여하다   이예란   유위   최이현
일람   최승미   서청원   윤신   이유로   박정일
자베르   산유연   정윤서   유연   유월
신희수   곽민주   강이림   다소   가온
손화정   옥상정원   하준   민영   주제균
최주환   청연   강랑   김종욱   안희준   하는
박화우   서이한   이민호   유희선   고혜림

불안과 함께 산책하기

2024년 9월

I

해부 오지유	13
나의 부지런한 권태 김성원	14
화이트 인덕션 김태우	16
중독과 현대인 소빛	18
로튼 토마토 안시온	20
희망사항 선지음	22
부재 장윤정	24
Wormhole 추단비	26
바다거북 정상윤	27
외나무 온우설	30
밤을 굴리는 서혜린	32
12월 대학로에서 왕성필	34
달이 긴 날에는 마시멜로를 구워 강호정	36
불안이라는 거 주민	39
버려진 참새 이영	40
메이데이 김여원	42
날 우여하다	44

인스턴트 포탈 이예란	46
아주 먼 곳의 이야기 유위	49
불안 권장하는 사회 최이현	50
불면증 일람	52
고립 최승미	54
파열 서청원	57
놀이터 윤신	58
두근두근 건포도 이유로	60
경주 박정일	62
촛농 자베르	64
정동의 바다에서 산유연	66
안개 정윤서	69
거짓말쟁이 유연	70
when the rain stops 유월	72
회귀 신희수	74
플라스틱 프레임 곽민주	76
애인 강이림	78

퇴색되지 않을 사랑을 주고받자 다소   80

북극곰에게 50평의 빙하를 가온   82

인화성 예감 손화정   85

종이접기 옥상정원   86

II

계절이 없는 행성에는 사랑도 하준   91

불안 민영   92

점괘들의 밤 주제균   94

온점, 종점. 최주환   96

영애 청연   97

우리는 젖은 계보를 읽으며 하얗게 도착했지 강랑   100

이어지는 밤 김종욱   102

초록 사막의 진홍 낙타 안희준   104

반히 하는   107

고스트 박화우   108

소멸 서이한 111

불꽃은 파장이 짧을수록 파란색을 띤대 이민호 112

배웅 유희선 114

얼굴 고혜림 115

117

○ 작가명은 작품 첫 장의 쪽 번호 옆에 표기하였습니다.

I

해부

이상해
나는 불안을 먹으며 좀 자라요
어딘가 퀴퀴하고 바랜 맛
불안은 나를 좀먹으며 자라요
아마도 쌉싸르한 어떤 맛, 그 맛
발가락부터 머리끝까지 다
야금야금.
어느새 뇌혈관을 타고 흐릅니다 내가 불안의
머리에서 심장이 뛰는 기분
어제의 오늘, 오늘의 오늘, 내일의 오늘
오늘을 해부하기
하나하나 뜯어보기
오늘에는 오늘이 없다는 불안
끝없는 오늘 안에 갇힌 채
불안과 뒤엉켜 춤을 추어요
불안은 나 나는 불안
이 글이 아무에게도 닿지 못하면 어쩌지
이 글이 아무개에게 닿으면 어쩌지
새어 나오는 불안을 삼켜요 새어 나오는 불안
오늘은 항상 텅 비었음에도 왜 이리 복잡할까
나는 불안 불안은 나

나의 부지런한 권태

나를 구성하는 성분은 알코올, 혹은 카페인
취미는 잠자기인데요, 특기는 밤새기랍니다
세계지도를 뚫어져라 쳐다보지만 이렇게 좁은 방안에 만족합니다
노래는 물론 듣고 부르죠
글도 읽고 씁니다 놀랍게도
나는 디딤돌을 딛고 올라가지 않아요 그저 베고 누울 뿐
안락하게 죽어가는 나
무성한 꿈들은 매일 몰락하고
눈을 감건 뜨건 아무것도 보이지 않는 건 마찬가지군요
나는 여기서 행복하다고 말하고 바로 뒤돌아서서 불행을 이야기할 겁니다
감정에 솔직한 것과 감정을 지어내는 건 정말로 한 끗 차이,
그래서 나는 시를 쓴다고 지어내고
나의 문장을 잔뜩 구겨 낙태합니다
오늘도 나는 한 발짝도 내딛지 않았고, 세상은 늘 그렇듯 열 걸음을 달아나 버렸네요
나는 노을빛이 깔린 하늘이 좋은데 저 건물들 때문에 보이지가 않아요

누군가 나에게 당신은 죽을 때까지 사랑하겠냐고 묻는다면
나는 아니요,
라고 대답하고
죽어서도 사랑하겠습니다.
라고 덧붙일 생각입니다

죽을 때까지 살겠습니까?
아니요,
죽어서도 살겠습니다.

화이트 인덕션

보이지 않아 그래도 할 수 있겠다 싶었지 시작은 끓어오르니까 비록 밖이 여름이라지만 나도 나도 푸실리 모양의 대화들 철저히 익히려면 오래 걸릴 수밖에 안단테 아니 알단테 시간이 문제가 아니잖아 삶은 후에도 알 수 없지 위에서 내려다 본 채로 온도는 보통 그런 게 아니니까 도통 믿을 수가 있어야지 정도껏 해 숫자로는 그림자를 만들지 못한다니까 다시 생각해 봐도 더웠잖아 너무나도 그치 더는 더위를 피하지 않겠다고 털어놓던 너도 참 발랄한 토마토소스에 씌었던 거지 너나 나나 그저 뭉쳐진 미트볼처럼 함께했을 뿐이지 너의 목덜미에 새까만 리뷰를 남길까 덜 익은 양파를 찾는 재미 퍽퍽한 식감 속에서 벗어나자 난 이제 뒤집어씌울 건데 제목을 불투명한 너에게 환한 여름은 놀랍게도 짙은 크림소스처럼 당연한 내 마음 가장자리에 눌어붙은 파슬리까지 헹궈 남김없이 말리지 마 더 이상 돈 터치 마이 인덕션

중독과 현대인

핸드폰 타자를
타다다다 와다다다
불안한 마음에 웹사이트를 뒤적이고

레퍼런스를 핑계로
다른 이의 재능을 한가득 쌓아 놓고
불안할 이유를 한가득 선물 받는다

내일이고 모래고
읽어봐야 할 창들은
이미 줄줄이 소시지 마냥 줄을 지어있고

또 이런 내가 걱정되어
타다다다 와다다다
내 손에 전문가를 모셔 와 병명을 찾는다

그런 밤에도
베개 밑 손을 푹 찔러넣어
한쪽 팔을 베고
두 입술 모아 나지막이 기도하곤

참도 잘 잔다

그러나 생각은 풍선만치 부풀어
입면 중에도 중얼거리며

잠에 들 수 있으면 진짜 불안이 아닐지도 모르지
불안하지 않으면 않은 거지 그게 가짜일 건 뭐야
되받아치는 자신과

불안 다이어트를 해보자
가짜 식욕과 같은 것이라면 그렇다면 내일은 가짜 불안이 찾아올 때
감정을 삼키기보다 시원한 냉수 한 컵 들이켜야지
쓸데없는 해결책과

투명하기를 노력하지 않아도 투명한 사람이 되고 싶은데
투명하다 못해 반짝이는 사람이 되고 싶다
원래 투명한 사람은 발광하지 않아

사람을 화나게 하는 데는 두 가지 방법이 있는데

첫 번째는 말을 하다 마는 것이고
두 번째는

잠이 든다

로튼 토마토*

R, 토마토를 손에 쥔다 둥글고 말랑말랑하고
고지식한 곳 없는 토마토
오전 아홉 시의 새빨간 땀을 흘리고 있다 너무 덥지 말라고 조금 닦아준다
안색이 좋네 너는 분명 맛있는 토마토가 될 거야
신선도 백 퍼센트 토마토 재배하기
버킷리스트에 동그라미 표시된 문장이 둥실 떠오른다
목표에 조금 더 가까워진 것 같아

R, 앞도 보고 뒤도 보고 위도 보고 아래도 보고 왼쪽도 본다 이제 오른쪽을 볼 차례
휙 돌려본다
꼭지 아래에 검은 멍자국이 있다
그을린 것처럼 탄내가 난다
싱싱한 줄 알았는데
엄지손가락으로 쓱쓱 문지른다 닦이지 않는다
힘을 싣는다 주름이 진다 여전히 닦이지 않는다
조금만 더
저 부분만 떼어내겠다는 심산으로 긁는다 손톱에 거뭇한 때가 묻는다

너는 완벽한 토마토가 되어야 해 아무 흠이 없는 토마토 말야
　급한 손톱이 쿡 누르고
　즙이 사방으로 튀고
　불쾌함이 훅
　쥐고 있던 손이 꽉
　터뜨리고 만다

　R, 비를 뒤집어쓴 것처럼 토마토로 젖은 손
　새빨간 눈물이 떨어지고
　토마토 안으로 파고들었던 손톱을 깨문다

　R, 잠식되지 않도록 해 그건 어디까지나 토마토일 뿐야
　언젠가 들은 말을 떠올리며
　손톱을 물기만 한다

　R, 아무 소리도 내지 않고
　아무 소리도 나지 않고
　토마토는 피부 속으로 스민다

---

*영화 및 TV 프로그램 관련 웹사이트. 평가 지수를 '신선도'라 부른다. 긍정적 평가는 '신선함(fresh)', 부정적 평가는 '썩음(rotten)'으로 나타낸다.

희망사항

교차하는
초파리 두 마리

들리지 않는
멈춰 선 날갯짓에도
함께
미간을 구겼던 저녁

있잖니
여름엔 원래
뭐든 잘 썩는 법이야

네 말에 휘청이지 않는
그런 얼굴을 하고

계절을 증언하듯
복숭아 속살을 파먹었다

나는
가슴 속 폭염을

쉬이 도려낼 수 없는
사람이라

껍질부터
썩어가지 않아
나중에 알게 되더라도

그래서
다 죽어가는 것을
그리워할 수밖에
없게 되더라도

아파 마

나를
너무

미워 마

부재

하찮은 것들에게도 이름표가 있다
가여운 너의 호흡에도
기이한 너의 그 입꼬리에도

잔혹하게 바스러지며 처절하게 울부짖던
나날들이 있었겠지 너에게도

욕심내지 않아도 절로 채워지는 울렁임과
습한 계절의 진흙보다 끈적한 심장 박동

찌그러지는 페트병
얌전한 파도에 휩쓸리는 나뭇가지
콘크리트 바닥에 눌어붙은 발자국 색 껌
어린이 보호구역 높아지는 데시벨

이 모든 게 놀랍도록 고요해서 불안에 떨었다

내 두 손엔 나의 목덜미가 쥐어지고
묵묵히 추락하고 또 추락한다

바나나는 걸어 두어야 갈변하지 않는대

나를 제일 꼭대기에 걸어 둔다
내일의 불안이 뜰 때까지

Wormhole

말을 무슨 전혀 하는지 모르겠지만
하려는 게 말이나 아무 아니야

못다 배운 언어가 쭈뼛 서고 뒷덜미가 천구 위에 박힌다 별안간 꿰인 몸이 되어 구름을 허우적거린다 뱃멀미를 시작한 물체처럼 나는 팽팽히 비틀린 환상통의 모서리가 돼 *무서워* 입꼬리가 접힌 생명체가 된다 벌레 먹은 기척 아래로 소용돌이 덫에서나 봤던, 파랗게 질린 화음이 뱅뱅 돈다 아랫배로 휘청이는 어둠이 들이찬다 나선의 지렁이는 비가 오기 전까지 미명을 헤집느라 귀를 막았고 해빙을 시작한 여름처럼 내가 쏟는 장마에도 축제를 연다 미식거리게 어트렉션이 열기를 좀먹고 멀끔한 나는 데롱데롱 아- 아니 대롱대롱 휩쓸리는 모빌의 이름. 궤적 없는 진자가 극대화된다 가상의 숨으로 빨려 들어갈 때까지 그칠 줄 모르는 육체의 카니발 베어 문 한 입이 시공을 가르고 있다 얼마나 어지러워야 하지 언제쯤. 카운트다운은 물음표가 삼킨 지 오래인 채로 불안에게 종료와 초월은

랜덤이다

바다거북

파라솔 그늘에 앉았다
모래 알갱이 세려고

작은 입자 안에 있는 아주 작은 것들

섬, 일몰, 과거와 미래……

바다와 조금 더 가깝게 앉아볼까
모래 한 움큼 집어 멀리 던지게

너와 나는 어렴풋한 기억 속에서
서로에게 해줄 수 있는 가장 솔직한 말을
각자의 나락에서 해주기로 약속했다

오늘 하루는 어떻게 지냈습니까
지혜롭게, 사랑하며 지냈습니까

꿈속에서 너는 복화술을 했고
일어나면 입안이 욱신거렸다

치과의사가 그러는데
사랑니가 밖으로 자라서
볼 안쪽을 찌르고 있대

뽑는 건 무서워서
약만 먹는 중

오늘 하루는 멍청하게 견디며 지냈습니다
모래를 던졌는데 바람이 반대로 불었거든요

툭툭 퉤퉤
털고 일어나는데

신발 속엔 무수히 많은 모래 알갱이
발바닥이 서벅거려 아무 데도 못 가겠어

냅다 누워버렸다

집채만 한 파도가 나를 집어삼켜서
아무도 모르는 섬으로 떠내려가면 어떡하지

잠시 눈 붙였다
네가 또 꿈에 나왔다
이가 시렸다

너에게 나는
능동적 낭비

외나무

외나무 위를 곡예하는 사람들 틈으로 빼꼼
저기 다리를 붙이고 설 수만 있다면
남겨지지 않을 수만 있다면 좋을 텐데

내가 어린 손가락으로 늙은 시를 써서 싫다던 눈빛들이
저 멀리 시선의 끝자락으로부터 고요히 침략해 오네
파도는 차례로 상처 난 내 발등에 소금물을 끌어 끼얹고
아파하는 내 표정에 세상이 얼굴을 찌푸릴까 봐 무서워서
소리를 지르거나 발버둥 치지도 못한 채로 외로이 앉아

겁 많은 내 마음 한 귀퉁이에는 텅 빈 것처럼 보이는 상자 안에 그림자가 가득 차 있고요
짠 건 잘 썩지 않는다는 말에 울음을 자주 삼켰더니 마음이 썩는 대신 식도에 녹이 슬었네요

현대인 지망생, 그 소녀의 고질병은 엄살
그냥 겁이 나서요

나도 다른 사람들과 똑같이 외나무 위를 걸어가는데
나만 뒤처지거나 떨어지거나 휘청거릴까 봐
아주 겁이 나서요

검은 새는 부러진 날개로도 나는 법을 배운다는데*
두 다리 모두 멀쩡한 나는 어째 발이 닿기만 하면 울상을 짓고 있나요

* The Beatles - Blackbird 中

밤을 굴리는

 문드러지는 어스름을 베고 누우면 어김없이 작은 짐승이 기어 오는 소리 그 몸을 비트는 기척이 낮보다 경쾌한 이유를 아니 그건 이불보의 저렴한 관절은 유연하지 못해서 단순한 주름을 가졌기 때문이거나 단지 성찰이 야행성이기 때문일 거야

 버거운 그림자를 질질 끄는 절름발이가 생경한 각도로 고개를 비튼다
 기형으로 부풀었던 껍질을 벗길 때 나는 비명 때문일까 신경 쓰지 않아도 돼 이건 그저 늙어 버린 걱정일 뿐이거든 눈을 치켜뜨면 보이던 세영이의 시험지나 엄마의 지갑에서 꺼낸 오천 원 같은 말이야

 고양감이 실존하지 않는 말이라는 걸 알게 된 날에는 시시포스가 돌을 정상까지 굴렸을 거야 세 줄의 스프링이 척추의 연결기를 더듬던 밤에 습진이 일은 섬유질에 고개를 처박은 새벽에 뾰족해진 정수리를 타고 돌이 굴러떨어졌어 지구 반대편에서는 하늘에 돌덩이가 뜨겠지

제멋대로 시작된 하루가 등쌀을 쪼아 먹는다 그러면 우리는 날개뼈를 둥그렇게 모으며 걱정들에게 오늘을 약속하고 유괴됐던 안녕은 고개를 내밀어

12월 대학로에서

　깨져버린 유리창 바깥으로 이미 오래전에 길들여진 가로수들이 흰 숨을 몰아쉬고 있다 한 무명의 마술사가 흰 당구공 같은 얼굴을 하고 공연을 한다 손등 위에 동전이 파르르 떨리고 저 두툼한 코트 안에 얼마나 많은 큐대들이 그의 발등을 겨누고 있을까 어떤 박수는 받기도 전에 돌려주어야 한다

　이런 날이면 가로등 몇몇은 전선에 걸려 넘어지곤 한다 제복을 갖춰 입은 늙은 경찰들이 쓰러진 가로등에서 발자국을 발견하고 구둣방 주위를 어슬렁거린다 무엇이든 나와는 무관한 구석을 하나씩은 가지고 있다 구둣방 노인은 오늘 들어온 신발들의 주둥이를 이리저리 잡아당긴다 대답을 들어야 하는 것처럼, 그럼에도 나는 잘, 잘 통과해 나간다

　앞으로 걷는다고 항상 뉴스를 다 이해하지 못하는 것은 아니다 판매대에서 신문지를 꺼내자마자 쏟아지는 무수한 석류알들, 하나씩 주워 먹다 보면 옷 위에 주렁주렁 브로치를 달아놓은 사람들이 얼마나 솔직했던 것인지 알게 된다 무늬 하나 없는 옷들이 내 옷장에 얼마나 쌓여있는지를 잠깐 생각한다 켜켜이 쌓인 옷들로 견고해진 옷장을

술에 취한 사람이 벽돌로 된 담벼락에 발길질을 하고 있다 그 발길질을 받아내고 있는 벽돌 하나가 주위 벽돌들에게 부러움을 사고 있다 담들은 보통 그렇게 무너진다 쏟아진 방향을 따라가 보면 단상 위에 선 강연자가 재능과 노력의 차이에 대해 힘주어 말하고 있다

어떤 박수는 받기도,
받기도 전에 돌려주어야 한다

달이 긴 날에는 마시멜로를 구워

커스터드 색 가루들이 베개 위로 내리꽂혔다

오늘도 나는 그것을 집어
구부러진 검지에 꽂아 넣었다

이게 마지막이야
으득 갈린 잇새에서
사탕수수의 향이 돋아나는 듯해
숨겨둔 것들을
새하얀 솜이불 위로 허겁지겁 늘어놓았다

10평짜리 벽 한가운데에 앉아
올리고 무너지고
끌어 올리고 무너뜨리고

무심한 게 괘씸해
눈길도 주지 않으려 했더니
손톱은 얼른 고개를 돌리라며
거스름을 내었다

알아서 사라지기를

으레 그렇듯
나태하고 절박한 소망을
미약한 불씨에 빌었다

연료는
실없는 웃음
허풍 치는 점술가
겁쟁이 고양이들의 사진
만약에―로 시작하는 이야기

그늘을 부유하는 잿빛 구름을 보며 떠올린
파랗게 질린 토마토
눈치도 없이 바보 같은 웃음소리를 내었다

그림자가 저물고
아득히 팬 살갗 위로
찐득한 반창고가 악착스레 들러붙었다

엄지와 검지를 미련하게 비비며
일말의 달콤함을 붙잡아보려고 해도
나의 안식은 언제나 성격이 급하다

괜찮다

연약한 보름달은
영영 뜰 테다

붉은 손톱으로
시큼한 흙으로
아린 맥박으로
창백한 쇠붙이로
눈꺼풀이 없는 눈으로

어쩌면
너와 닮은 모습으로

추억처럼 남겨진 것들도
얼른 재로 만들어버리라며
내 우주를 후벼 팔 테지

그러면 나는
발긋한 덩어리를 구워
녹아내리는 밤이 갚힐 거라 믿겠지

불안이라는 거

처음은 눈두덩이에서 꼼질꼼질
흐려진 시야를 뜬금없이 간질여서
손끝으로 문질러봐도 그림자가 짙어질 뿐이고

다음엔 뒤통수에서 지근지근
희부예진 머릿속을 불쑥 쑤셔놔서
흔들어봐도 머리카락에 볼을 긁게 될 뿐이고

그러고는 가슴뼈 아래를 쏙쏙
꽉 막힌 명치 끝단을 단단히도 잠가놔서
크게 한숨 들이마셔도 열리지를 않고

참 끈질기게도 붙어있더라고
불안이라는 거

버려진 참새

나는 이곳에 유리된 채로 서 있고
생선의 물비늘은 누군가 긁어버려 뚝 떨어졌다
일주일째 떠나지 않는 머릿속의 눈길 위의 참새
왜 죽은 것들은 모두 배를 보이고 누워 있는지
괜스레 들고 다니는 손바닥만 한 죽음
차라리 고양이가 물고 갔으면 좋으련만

더러운 도로 위에서 썩지도 못한 채 얼어있는 참새는,
차라리 고양이가 물고 가길 바랐을까?

시체 유기 사건 방조자의 어쭙잖은 핑계
썩어 없어지는 것 또한 무언가의 간절한 소망
내가 썩어 녹아 나온 물에는 뭐가 검출될까
그에 반해 참새의 속은 깨끗할 것이다
왜 썩어야 할 것은 썩지 않는가에 대해
지켜지지 않는 썩을 것의 도리가 소리친다
깨끗한 심장을 감싸고 있을 혈의 자리
건반처럼 눌리는 혈들이 속삭인다
가득한 소리 속에 또 누군가 버린 그림자들

나는 안 버릴 거지요-
나는 안 버릴 거지요?

메이데이

이 세상에 추락하는 것들이 너무 많다
먹다 남은 포도 주스
과자 부스러기
빗방울
햇빛
그리고 나의 우주선
추락하는 희망에는 무엇을 담을 수 있을까

영원히 내리는 비를 피해
우주선을 타고 머나먼 곳으로 사라지고 싶은 순간들,
허리에 묶인 중력에 의지하며
알 수 없는 미래 속 난 우주를 떠돌아다니고 있다

우주선에 닿은 빗방울은 까맣게 사라져 가고
눈동자를 스쳐 지나간 빛은 잔상만이 남아서
알 수 없는 우주 속에서 희망을 품을 수밖에 없고

추락하는 것들을 주워 담기 위해 손을 뻗어 보이지만
떨리는 손아귀 안에 잡히는 것은 선이 뽑힌 무전기와
햇빛뿐

추락하는 별빛은 그저 과거의 미련일 뿐이라고
외치는 심장의 떨림은 전해지지 않아서
무너져 가는 것도 모른 채 가만히 신호를 기다린다

저 멀리 보이는 먼지는 과거의 흉터이자
아직 일어나지 않은 미래의 잔흔

나는 아직도 무전기를 붙잡고 하염없이 추락만을
기다린다

날

나는 날 때부터 우울이었다
내가 그녀의 우울을 모두 집어삼켰기 때문에
그녀의 산후 우울증은 존재하지 않았다

나는 날 때부터 불안이었다
나라는 사람은 결핍되었기 때문에
그럼에도 존재해야 할 당위성이 필요하다
당신은 나를 마땅히 사랑하는가?

세상이 가장 어두울 때는
해가 뜨기 바로 직전이라 하던가,
나의 세계는 칠흑같이 어두워서
떠오를 해를 기다리다가 그만
춥고 고독한 날씨에 자살당하고 말았다

나는 기댈 어른 하나 없이 홀로 지내왔다
엄마도 엄마가 처음이라
나도 내가 처음이라
나도 이 세계는 처음이라
나도 낯선 세상에 홀로 떨어져 봤어

나는 날 때부터 혼자였다
가능한 아무도 믿지 말고
나 자신의 선택을 늘 의심하라
대가 없는 친절은 존재하지 않고
낯선 호의에는 날을 세워라

나는 날 때부터 미완성이었다
불안한 정신세계는 온전하지 않고
무질서한 뉴런들은 앞다투어 붕괴한다
그래서 나는 허겁지겁 단어들을 끌어안고
이렇게 뒤엉킨 글을 토해낸다

미완성을 닮은 글을 투고한다
나와 닮은 글에 투항한다

인스턴트 포탈

원하는 것을 빌어 보라면
더 이상 헤매지 않고 적당한 곳에 발목 묶여 가라앉는 것
오후 1시 반 광화문 스크램블 교차로
수많은 정장 바지와 반짝이는 구두들
도로의 아지랑이와 가로수 이파리들의 성의 없는 춤

한쪽이 유독 늘어난 가방을 고쳐 멘다

셋
둘
하나

숨을 참고
빽빽한 인파 사이로 뛰어 들어간다

꼭
이곳에서 떠날 수 있는
비밀 통로를 만날 거 같아서

소환하고 싶은 것은 약속했던 그 구원

아스팔트를 마법진 삼아
뜨거운 날씨를 변명 삼아

정말
거의 다 와 갔는데
누군가의 발에 걸려 넘어졌다
팔꿈치가 뜨거웠다
마법진 자국이 남은 곳이 화끈거렸다
고개를 들면 수많은 눈동자가 나를 내려다본다
징그러워
팔꿈치를 부여잡고 도망가
마치 소중한 것을 껴안은 자세로

겨우 도착한 서점에서
낯선 이가 나와 마주 보고 서있다
시선을 둘 곳이 없어 들고 있던 책장을 빠르게 넘기고
반대 팔을 조금 더 뻗어 탁자 아래를 만지작거린다
애써 그림자 속으로 숨기는 것은
날카로운 손톱 끝이 아니라
뭉개진 모서리에 베이고 싶은 마음

아
들켰다

그 사람이 눈을 맞추며 다가온다
들고 있던 책을 내려놓고 뒤를 돌아 빠르게 걷는다
등 뒤를 훔쳐보자 그 사람은 내가 보던 책을 쥐고 있었다
분명 팔꿈치를 보고 있던 거 같은데

서점을 나가려는데
무섭게 뜨거움을 사냥하는 비가 내리고 있었다
그 그물에 걸리지 않은 여름이 없겠지

아주 먼 곳의 이야기

너무 많은 생명이 멈춰있다
사람들의 공허한 숨이 하늘에 모이면
언젠가 아주 천천히 떨어진다고 한다

나를 알아보는 사람이 있나요
나는 바랜 나무의 표정을 짓고는 멈춰있다

비어버린 나뭇가지는 어디서부터 시작되었는지 알 수 없어요
나는 밑동만 남긴 채 발을 굴렀다

이 공간은 너무나도 고요한데
그 누구도 저 너머에 사람이 산다고 생각하지 않는다

그날 밤에는 한 목수가 꿈에 나와 나를 베어갔다

불안 권장하는 사회

 최후의 인류가 올라탄 열차는 이젠 너무 빨라서 뛰어내릴 수 없다 앞은 옆이다 옆은 곧 뒤다 아기는 태어나자마자 손을 휘젓는 것부터 배운다 가끔 손가락 사이에 얽혀드는 것들의 이름을 외운다 이것의 이름은 진실과 조롱 저것의 이름은 거짓과 혐오 먼저 잡아 올린 것들은 내 것 뒤에 건져 올린 것들은 적의 것

 선공이 인정받는 사회! 곱게 갈린 식칼을 사려면 이름을 지불해야 한다 때때로 내가 사지 않은 식칼이 내 바지춤으로 들어오는 것은 선공善功을 선공先攻인 줄 아는 사람들의 숨이 붙어 있기 때문이다 다리인지 기둥인지 모르는 것을 만지고 나면 메갈로포비아가 되는 건 아주 흔한 이치라는데 두려움의 반의어는 무지無知였나

 가만히 생각해 보면 우리 최초의 불안은 호흡에 있다 폐 속 가득 양수를 채워 넣었던 기억이 이젠 나는가? 대상 없는 공포가 융해될 때마다 너희는 가끔 죽었다 요즘도 막다른 길에 들어서면 숨부터 참고 보는 건 학습된 탄생 설화라니까 그러네 우리를 지켜주던 낡은 것들은 이제 다 삭아 사라졌으므로 마침내 우리에겐 자유로운 불안만 남았나니,

광신적 선언: 우리는 학습되지 않은 희망은 품지 않기로 했다

불면증

시시각각 죽음을 경험하고 있어

나를 살해하는 것은
나의 베개 아래 켜켜이 쌓인
아니 내가 아주 오래 묵혀 둔

내일처럼 올 너

알약을 삼키면 죽는 것처럼 잠들 수 있다는 걸 알지만
알약은 삼킬 수 있어도 불안은 곰팡이처럼 번지기만 할 뿐
삼켜지지 않으니까

불면의 끝에
최후처럼 내일이 오면

너는 나를 버리고
나는 손톱이 허물어지도록 너에게 매달리는 나를 상상하고 너에게 사랑을 구걸하는 나를
안와가 함몰되도록 우는 나를 결국 무너지는 나를 상상하다가

나는 안녕을 미루고 싶어
찾아올 내일을 베개로 내리누르고

사랑한다는 말은 이제 압정 같아서
뱉어도 삼켜도 목구멍에는 열상만 남아 버릴 텐데

누더기 같은 혀로 기어코 사랑을 발음해 버리면
어쩌지
네가 나를 미워하게 되면

내일을 질식시키고 싶어서
베개를 힘주어 누르고 있지만

새벽은
무정하게 창문을
두드리고

단말마처럼 오늘이 도착했어

고립

대낮
저마다 기나긴 그림자를 매단 사람들이
역 앞의 시장 속에서 나타났다 사라진다

생선의 비린내와
무른 과일 위로 날아다니는 초파리들

내 앞에 보이는 것은 뱀의 머리인지 꼬리인지 모를
그 누구도 질서를 지키지 않지만
엉키지 않고 술술 빠져나가네

시장 바닥에는
늘 물웅덩이가 고여 있다
발이 잠기지 않을 만큼 얕게
그러나 곳곳에

각기 다른 모습으로 뱀의 형태를 한 그들은
앞도 뒤도 옆도 아래도 위도 아닌
작은 손바닥만을 보고 걷는다

토마토 하나
툭
떨어지는 소리가 나기 무섭게 짓밟힌다
그들은 짓밟는지조차 알지 못한다
어쩌면 토마토도 모른다

붉은 원을 둘러싼 껍질이 갈라진 틈새에서
낮의 더위가 흘러나온다

내 영혼은 어디에 있지

깨진 유리 조각처럼 가게 쇼윈도에 비친다
걸맞지 않게 추위에 벌벌 떠는
치이지도 않을 정도로 작아져 바닥을 기는
그 무엇도 알지 못하는 어린아이가

숨을 고르니
초록색 노란색 빨간색 검은색
번갈아 움직이다
다시 시장 바닥

가장자리에서 멀어진 내 영혼은
어둠 속에서 다시 흔들리고
색 바랜 그림자처럼 희미해진다
시장 바닥의 먼지 속으로

파열

매일 밤
완전히 부서진다

잔혹한 단어들이 심장을 짓누르고
서늘한 시선이 머릿속을 메우면
나는 그저 그것들의 공격에 한없이 무방비해져 넘어지고

매일 밤 공상의 홍수에 잠겨 수몰水沒당할 때마다
나는 처참하리만치 깨어지고 터져 내 모습이 어땠는지조차 짐작할 수 없다

엄마, 하고
소리를 질러도 목소리는 흩어져 닿지 못하고
내가 만들어낸 깊은 홍수의 흐름에 짓쳐져 엉망으로 멍든 채 잠을 청한다

밤을 지새우고 눈을 뜨면
다시 오늘 밤 있을 파열을 준비해야 한다는 생각에
다시 발 닿지 않는 공상의 호수에서 익사할 생각에
그저 지친 얼굴로 진득한 눈물만 흘릴 수밖에

놀이터

　엄마들이 둥그렇게 줄을 서서 불안을 감시하고 나는 시를 읽는데 어, 잠깐만 나도 분명 불안의 손을 쥐고 여기에 왔는데 불안은 어디 가고 왜 혼자 시를 읽고 있나요

　어머 그랬대 세상에
　미쳤나 봐 어떻게 미끄럼틀에 주방 가위를 꽂아놓았대
　누구라도 다치라고
　익명의 누구든 어디 한 번 찢겨지라고

　시도 가위를 꽂아둔 이의 마음도 읽히지 않아 기다리는 오후는 지겹도록 길고
　뜨겁게 달아오른 미끄럼틀에 눕고만 싶어요

　가위 대신 박혀서
　누구라도 놀라기를
　누구라도 부딪혀 새파란 멍이 들기를
　그럼 우린 파랗게 멍든 무릎을 붙잡고 함께 미끄러질 수 있을 텐데
　떼굴거리며 마음껏 비명을 지르고
　깨금발로 숨바꼭질을 할 텐데

그런데 어디 있을까

사라진 아이를 찾습니다
나를 천천히 죽이는 아이고요
축축이 젖은 작은 손의 아이예요
얼굴은 꼭 제 아빠를 닮았고
그 아이가 없으면 아마도 저는 살지 못해요

나타났다 사라지는
사라졌다 나타나는

작고 빠른 나의 불안이 불쑥, 고개를 내밀고 뛰어다닐 때
 다시 나는 시집을 펴고
 기나긴 오후를 누군가 덩그러니 꽂아둔 가위를 엄마들의 비명을 아이들의 야유를 봅니다

이것 봐

뛰어온 아이의 손에 고인
올챙이에게 어느새 뒷다리가 생겼습니다

두근두근 건포도

선생님제가실은초등학교삼학년때부터아빠한테
욕듣고맞고살아서그런지문을잠그고웅크려자는
습관이생겼거든요근데그게심장을압박하나봐요
십칠년을쪼그려살아서그런가어제함꺼내보니까
무슨건포도마냥찌글찌글딱딱하게굳어졌던데요
말초에피를못보내니까운동은커녕샤워도못하고
사랑도못하고숨도안쉬어지고밥도못먹고우라질
저도제인생살아야죠언제까지괴물그림자에갇혀
남탓만하며살겠어요그러니까요오는길도어찌나
힘들었는지아혈압부터요네네오른팔이요여기요


```
           근
       두     콩   콩
    근         닥    닥                째
  …두                똑          깍   깍…
             딱          째
                   똑   딱
```

정상이세요

네?

문제없으시고 지극히 정상이시라구요 저희 나이에 부모한테 한 번도 안 맞고 큰 사람이 어딨어요? 다 그러고 살아요 좀 예민하신 것 같은데 아니면 혹시 아직도 본인이 열 살이라고 생각하시는 건 아니시죠? 만약 그런 거면 저희를 찾아오실 게 아니라…

두근두근콩닥콩닥똑딱똑딱째깍째깍째깍째깍
두근두근콩닥콩닥똑딱똑딱째깍째깍째깍째깍

경주

질퍽한 길 퉁퉁 부은 발
밀치고 제치는 것은 죄가 아니되,
멈추는 순간 죄가 된다 하였다

이 레이스에 대해 아는 것은,
앞서면 각설탕을 받고,
뒤지면 큰일이 난다는 것뿐

그래, 남들 정도는 해야지,
마음 굳게 먹기로 했는데
가슴 왜 자꾸 이리 아픈가

잠시 초원을 떠올린 일마저
가슴에 얹힌 불덩어리 되어
잠을 설치고 몸을 떨었다

오르막에서 본 꽃을 잊기로 했는데
흙먼지 속에서 본 별을 잊어야 하는데
마음을 다잡아도 뒤처지기 일쑤인 요즘,

편리하게 기수를 탓하는 대신
서둘러 다음 레이스를 준비하는 까닭은
그는 멈추는 순간 죄가 되었으므로

촛농

노래가 끝나야 할 텐데
촛농이 떨어지기 전에
그러려면 일단 제발 좀 노래를 부르기 시작해야

생크림 케이크 위
체리, 딸기, 맛없어 보이는 그린키위, 블루베리,
불꽃 아래에서 그림자 진 얼굴로 과일들이 촛농을 바라본다
아니 누가 요즘 과일 케이크를 종합으로 사 구닥다리같이
스트로베리쇼츠케이크 몰라? 아니 쇼츠가 아니라 쇼트 아닌가?
조용히 좀 해 노래 좀 시작하게

생일 축하합니다
생일 축하합니다
사랑하는,
사랑하는, 이라고 노래하기 직전에 머뭇거리는 너와 눈을 마주치지 않기 위해
일부러 허공을 보며 박수를 쾅쾅쾅
생일 축하 노래에 굳이 사랑하는이라는 단어를 밀어 넣은 작자는 누구인가

왜 자기들끼리 웃고 떠들며 나에게 사랑한다는 노래를 부를까 그 사랑을 어떻게 검증하고 증빙할지 증빙이 불명확한 경우 마음의 어느 절벽에서 어떤 자세로 밀어버려야 하려나 이 고민의 불꽃 거세게 타오르는 열기 하얗게 불타는 숯을 어쩔 건데

입을 열면 연기와 재가 나올까봐 입을 꾹 다물고 그저 박수만 쾅쾅쾅

니들은 아는지 모르는지 신난 채 노래는 끝났고

(다행히 노래에 심취해서 내 이름을 틀린 사람은 없었고)

소원은 빌었어? 한참 비네 멍때리고?

근엄한 대답
골드키위가 세상을 지배하고 그린키위가 멸종하기를 빌었어

내 소원을 듣고 점프한 촛농이 케이크 위를 사뿐히 비행하여 그린키위 위에

뚝

정동의 바다에서

어디까지 묻었나 궁금해하지 말기
다시는 파지 않는다고 했잖아
모르는 것처럼 굴기를 바라 너도

몰랐어야 했나 모두 기억하지만
사실 알고 있어도 괜찮았을 거라면
어디가 아팠는지 생생하겠지 그땐

누구도 헤집지 않았는데도 사실
알던 거잖아 과거를 돌아보느라
내뱉었지 어쩔 수 없이

꺼내면 안 될 그
망치고 뒤집어 헝클어질
마음과 이야기 그리고 이름들

정수리부터 순식간에 떨어진
그 몇 초에 심장과 목울대를 치고
말초신경까지 왕복한 시야는 번뜩

덜컥대는 흉부를 붙잡고 있잖아
살기 위해서 사는 것이므로
뒤집어 꺼내야만 하는 것도 있다

애써 손톱을 쓸어내리는 동안
심장 아래 왼쪽 갈비뼈 속에
왜 날카로운 장면을 넣었나

잘라낸 필름 그 사이 어디 그 중에서
굳이 비가 오는 날 아니어도 되었잖아
멀리 보이던 등대로 동시에 뛰어가던

횡경막은 한없이 숨을 가쁘게 만들어서
힘겹게 떨어지고자 빛을 쏘는 꿈을 꾸고
상상에서조차 안정된 자리가 아니었지

흘려보내고 싶어 심장을 쏟아내고 싶어
소리를 낼 수 없어 허덕이는 이불 위 파도
어떤 게 상관없는 건지 이제 모르게 된다

과연 불안을 보는 우리의 감각들은
이 모든 구절을 울컥이며 삼키겠지

이름을 떠올리는 것만으로
아직도 덜컥이는 마음처럼

안개

덜 아문 상실을 동여매고
길가로 나섰다
밟고 있는 보도블록이
절벽 같았다
나뒹구는 사랑의 파편을 겨우 주워 돌아오는 길

장마철의 바다 같이
껴안을 만한 것들은 하나도 없고
추락하는 것들만 있고

가엾은 내 심장은 멈출 줄을 모르고
보고 싶던 노을은 보이지 않고

상처들은 자꾸자꾸 벌어지는데 너는
너는 어디에도 없고

거짓말쟁이

난 그냥 무서웠던 거야
영원한 건 없다 버릇처럼 떠들어댔지만
깊게 스며든 것들은 내가 영영 눈을 감기 전까지 기어코 쫓아올 것만 같아서

잠들기 전 사탕 대신 네 이름 석 자를 비밀스레 혀로 달그락대는 습관이나
흐린 바다와 네 옆얼굴을 떠올리면 나도 모르게 눈물이 범람하는 버릇이나
혹은 까무룩 잠든 네 숨소리가 흔들리면 맞잡은 손에 힘을 주는 마음 같은 거

네 이름도 옆얼굴도 숨소리도 욕심내지 못할 날이 언젠가는 오고야 말 텐데
모른 척 뒤돌아 도망치기엔 차마 우리를 두고 갈 수가 없어서
난 오늘도 언제나처럼 제자리걸음

우리 더 이상 서로에게 스며들지 못하도록
하고 싶던 말은 혀 밑으로 숨겨버리고

매일 밤 꾸던 꿈들은 파도에 휩쓸려 보낸 다음
남아있는 온기는 모래와 함께 털어내자

사실 난 알고 있었던 거야
영원한 건 없다 버릇처럼 떠들어댔지만
깊게 스며든 사랑은 내가 영영 눈을 감고 난 후에도 그 자리에 남아있다는 걸

when the rain stops

잔물결 일던 주황빛 바다와 고백 너는 울고
돌아와 건네준 빼곡한 답장도 온통 고백이었어

사람을 사랑할수록 불안해하던 넌 늘 절반의 마음을 떼어놓았지
좋아하는 마음을 덜어내지 않아도 되어 신기하다던 그 눈은 언제쯤 그쳤는지

불안이 많은 사람이라고 했잖아
나는 불안을 알고 싶었던 사람 병 탓이었대도 그땐 자신 있었는데
부푼 약속들과 선명한 꿈이 닿을 섬 끝의 설국에서
분명 서로를 구원할 거라 믿었어

바라던 고요의 바다와 예정 없이 마주한 날
내리쬐는 침묵을 덮은 쌀쌀한 유영 너는 웃고
우리는 두고 왔다
나란히 앉은 뒷모습과 흩어진 각자의 밤
다시 가면 고스란히 담아 올 수 있을까
그날 넌 어떤 마음을 버리고 왔니

너도 뱉지 않으면 질식할 것만 같았는지
돌아가 무를 수 있기를 바란 적 있는지
답신에 적힌 한 구절 한 구절 여전히 유효한지

나는 절대 물어보지 못할 테고 아마 무엇도 답해줄 수 없고
목은 자꾸만 말라오는데 갈라지게 두었어

우리는 더 이상 모르기를 택한다
시절이 어디를 헤매고 있는지 결심이 어디로 가야 하는지
과오와 각오 모두 잠긴 수면 위 힘을 뺀 채 부유하기만

비어있는 계절은 다른 약으로 묻었고 악몽은 여전히 거르지 않는다면
너는 관심이 있니

지난했던 유월은 갔지 아득한 비 냄새 쏟아지는 팔월을 미워하다 자꾸만
잠에 든다
폭설보다는 장마가 낫다고 믿으며

회귀

어떻게 알았을까
나의 새벽이
자꾸만 발이 시리던
그 새벽이
그득하게 불안이었다는 것을

나의 불안과 너의 불안이
나의 우울과 너의 우울이
새벽과 함께 흘러넘쳤다

다정의 가면으로 나를 숨기고
하찮은 다정이 대단한 것처럼
너를 쓰다듬었다

불안에 잠식된 우리가
그것을 털어낼 수가 있겠어
발목이 시려서 그 작은 온기에도
깜빡 속았다
나도 내가 사랑할 수 있을 줄 알았지

사랑은 어디에 있을까
깊고 깊은 어딘가에 숨겨두었나
너무 깜깜하고 깊어서 허우적대기만 하다가
그러다가

영원은 없다고 믿었으면서
영원을 찾았으니까 그렇지

네가 킥킥 웃는다
영원을 믿었니?

어디에도 너는 없다
마음이 부서진다
부서진 마음 더미에 불안이 주저앉았다

플라스틱 프레임

힘을 주면 절대로 풀리지 않는 매듭이 있을까

그때 너는 주먹을 꽉 쥐었지
헐거워진 운동화 끈을 바라보며

손을 뻗지 않아도 붙잡을 수 있었으면 좋겠어

너의 발자국은 유령처럼 떠다니고
나는 얼룩진 매듭을 엮는다

우천 시 모든 일정이 취소됩니다
망가진 초대장이 우편함에 수북할 때
테이블 위 접시들은 식은땀을 흘리고
어째서 우리는 울기 직전의 날씨를 보고도 달릴 생각을 했을까
 알 수 없었어

비를 피할 수 있는 대피소를 만들자
목소리가 흩어진다

천장이 사라진 집의 모서리에 기대어
요즘은 철골이 드러나야 사람들이 모인대

네가 웃는다
드디어

걸음을 옮길수록 매듭이 풀리는 걸 알아서
이제 우리는 걷지 않기로 했다
가슴까지 모은 무릎 아래로는
작은 벌레에게 그늘을 만들어줄 수 있고

세상에서 가장 작은 초대장을 만들자
그게 비명이었다는 걸 알아차리지 못했던 건
네 목소리가 줄어들었거나
내 귀가 너무 커져 버렸기 때문인 걸까

울음을 닦는다
잘린 손등으로 초대장을 바라보며

애인

메고 가는 세탁 바구니

옷이 다 차면 그게 있던 자리는 부자연스럽게
비어야 했다

애초에 없었던 거 같은 평평한 방바닥은
아무 말도 하지 않는 당신을 부를 거 같고

거기 그렇게 앉아 토닥여 보는 것이다

한 해 오래 걸은 몸처럼 쿰쿰한 냄새가 나거나
방금 지하에서 나온 듯 축축한 거 같아도

당신은 속절없이 주저앉아 있는 것이다

글쎄 풀씨라도 부어볼까 하고 방바닥을 훔치지만

자주 깨지던 접시의 조각이 박혀 있어
공연히 살 끝만 아프다

세탁소에 갔다면 돌아오기는 할 텐데
요즘은 대부분 무인이고

이고 지고 간 사람도 그만 없어질 거 같아
문득 자라난 씨앗처럼 무릎을 세우고 벽에라도 몸을 기대면

그때야 뭐해
하고는 돌아오는 것이다

그러면 당신은 왠지 다시 이부자리로 가 눕기만 하고

없어진 건
세탁 바구니의 약간 둥글던 그림자가 전부인데

당신은 이번에 벽을 바라보고 있다

퇴색되지 않을 사랑을 주고받자

선아,
너는 내게 자꾸만 낭만을 줘
더 좋은 사람이 되고 싶게 해
고르게 숨 쉬며 달나라로 가게 해
맑게 갠 하늘을 보게 하고
추락시켜
그것은 네가 아니다

두려웠어
모두가 가벼운 옷을 입는 나라에서
나 혼자만 무거운 옷을 입고
널 만나러 무작정 찾아간 걸까 봐

나와 다른 것을 전부 미워하며 살 때는
외로울지언정 안전했는데
나는 뭐든 적당히를 잘 몰라서
자주 초라해지고는 한다

나는 되묻기를 잘 하지 않잖아
왜 대답이 없냐는 말도
나는 결국 묻지 못하고

영아,
이제는 내가 미워?

사랑을 몰라 그랬다는 말은
비겁하게 들릴지도 모르겠다

북극곰에게 50평의 빙하를

여름이 점점 더 더워지고 있어
비는 더 많이 내릴 예정이래

너와 보냈던 그 계절은 버려진 터널 아래 들어서면
금세 선선해지던 날들이었는데,
이제 그런 날씨는 일주일도 안 가

기억이 사라지는 건 당연하다만
계절까지 사라질 수 있는 세상이 오다니
그래, 지구가 많이 아프긴 한가 봐

그날 네가 티비로 보던 다큐엔
지구가 새빨갛게 타오르고 있었고
넌 북극곰을 보고 눈물을 흘렸는데

그 북극곰 말이야, 지금도 살아있었음 좋겠어

불 안 속 지구가 녹지 않을까
물 안 속의 북극곰은 숨을 쉬고 있을까
나의 계절은 살아남을 수 있을까, 있을까

올해는 일주일 내년엔 나흘 내후년엔 하루
리모컨을 쥐었다 폈다 쥐었다 폈다
하다가 에어컨은커녕 티비도 못 켰어

나의 계절이 사라지면
네가 나를 잊을까 봐
북극곰처럼 물 안 속에서 허우적댔어

인화성 예감

우리의 산책이라 하면
내 오른손과 당신의 왼손이 겹쳐져 있고
발맞춘다기엔 조금씩 어긋나는 걸음으로
같은 곳을 향하기

그때마다 내 왼손은 주머니 안에서
출처 불명의 성냥을 만지작댔다
이 순간의 초가을 햇빛이 나를 찌르는 초추의 양광이 되면 어쩌지, 아니면
당신의 시시한 농담과 잠자리 날갯짓 소리
그 일기장 위로 식은 에스프레소가 쏟아지면 어쩌지, 같은
입 밖에 내기도 두려운 생각들을 내내 우물대며
(아무래도 성냥 몸통에 사포질이 덜 된 건가)

불길하잖아,
풀린 운동화 끈이며
(성냥 머리는 매끄럽군)
길거리에 나뒹구는 엽서
(동그란 얼굴로 호시탐탐 기회를 노리겠지)

스치는 옷깃은 모두
내 테트라젠*

당신은 멈춰서
나를 마주 보고
불티가 잔뜩 튄 왼손을 꺼내 보여준다
내가 쥐고 있던 건 손톱자국 네 개, 땀방울 한 주먹 치

성냥 좀 꺼내 봐,
손바닥에 눕혀두고 물끄러미
바람이 불고 모르는 발소리가 커졌다 작아지고
다른 일은 일어나지 않았다

어떤 내일
나는 또 손 떨리는 진심을 부여잡고
당신은 내 이름을 주문처럼 외며
이것도 네 거야

*테트라젠 : 질소 수화물의 일종으로, 폭약 기폭제나 뇌관 따위에 쓰임.

종이접기

비행기는 더 이상 사랑할 의지가 없어서
잠에 들었다

*

오늘의 접기, 나의 침대는 요트 접기
우리 둘 사이에 하트 접기
그러다가 한쪽은 가위를 들고
한쪽은 풀을 들고

황망히 함몰하기

이것도 종이접기의 일종이라면
사랑은 여전히 은유가 될까

당신의 입술 접기
식탁 위로 크루아상 접기
접시도 없이 입으로 사랑을 나누는
오, 우리들의 촘촘한 허기

우리 인사해요, 안녕

안녕은 어디부터 만남이고 어디까지 헤어짐인지
뒷모습은 얼마큼 멀어져야 뒷모습인지
자를 대고 접어줘, 삐뚤빼뚤한 당신의 체형

당신의 뒤꿈치 접기
점이 될 때까지 구겨 접기
나의 빛바랜 초조, 하염없이
요동치는

우리 멀어지는 길을 다시 접어보아요
모퉁이를 돌아서 다시
모퉁이로

비행기 등을
테이프로 돌돌 말아 다시 보낸다면
이제 잠에서 깰 수 있을까

기대어 잠들어도 좋아요
우리들의 종이접기, 우리들 겹겹의
서러움에

II

계절이 없는 행성에는 사랑도

  녹초가 된 채로 돌아온 아파트 현관에 매미가 누워있다. 아침에 집을 나설 때도 쓰러져 있었는데 분명. 어째서 매미의 죽음은 아무도 수거하지 않는 걸까. 갇힌 채로 살다가 갇힌 채로 죽는 일련의 과정을 과연 삶이라고 부를 수 있을까. 인간의 시선으로 고정된 이상 멍든 세상을 아프게 볼 수밖에 없겠지. 시인은 본인이 고장 난 사람이라는 걸 가장 창의적으로 표현하는 사람. 그런 생각이 들 때마다 면허 취소 수준의 음주 시 쓰기를 하고 싶어. 그렇지만 우리 사이의 침묵은 인이어 볼륨을 올려달라는 제스처에 산산조각이 나. 그날 밤 파도에 휩쓸려 내 손을 잡은 걸 후회해? 어떤 길로 걸어도 애인을 만날 수 있는 숲에 조난 당할까 걱정돼? 냉동된 채로 부패하는 우리 사이에 또 무슨 말이 있었지. 무슨 밤이 있었지. 어쩌다 전부 잃어버렸지. 나는 그저 발에 채일 만큼 소중한 시간들을 줍고 싶었을 뿐인데. 시인은 시간이 아니라 시간이 떨어뜨리고 간 솔방울을 줍는 사람. 과연 너는 내 영혼이 불구가 된 다음에야 이쪽을 봐주는구나. 계절이 없는 행성에는 사랑도 없다니. 타인이 공들여 쓴 문장에 찬물을 끼얹고 싶은 건 아니지만, 네가 불현듯 피어난 내 땅은 완벽한 불모지였는데 분명.

불안

흐린 구름 마저 선명해지는 계절이 되면
나의 존재도 선명해질 수 있을까 하고
대비감의 아스팔트 위 횡단보도를 걷다 보면
정말 선명해진 것 같기도 하고

벌써 일 년의 반이 떠나갔다는 사실에
회의감이 들어 두려워하기도 하고
그 감정은 나를 움직이게 만들기도 하고

회색 아파트들이 유독 하얗게 빛나
줄줄이 세워진 건물이 눈이 부시다가도
멀어지고 떨어지자, 저 정도면 나도 한입에 삼켜버릴 수 있지 않을까 한다
뜨거워서 혀가 데일지도 모르고

말이 안 되잖아 사람들이 저 작은 곳에 모여 산다고
원근감은 무시한 채 중얼거렸지
말이 안 되잖아 이 큰 곳에 더 큰 사람이 모여 산다고
지나가던 개미가 속삭였어

오늘은 가을이 시작되는 날이라는데
서늘한 바람은커녕 뜨거운 바람조차 불지 않아
차라리 잘됐어! 영원히 여름으로 남아 올해도 끝내지 않겠다

이상과 현실의 괴리감 이상한 줄 알면서도 뱉어내는 희망

시간이 흐르는 게 아니라 그저 매 순간을 사는 거라는데
그 순간마저 오지 않았으면 해
모든 것은 끊임없이 돌고 돈다는데
멈춰있길 바라는 말도 안 되는 소원을 빌지

그래도 기적이란 게 있지 않을까 진짜 기적 같은 소망

점괘들의 밤

저 문 너머
자물쇠를 주무르던 검은 손들이
더는 너와 나의 맥박을 구분할 수 없도록
고장이 난 아코디언처럼 숨을 쉬던 나의 밤들이여

내 손에 쌓여 있는 지난날들이 보이나요?
자 그곳에서 세 장의 카드를 뽑아보세요
뒤집혀 있는 과거와 현재와 미래가
뒤집혀 확인할 수 없던 점괘 같은 마음들이
떨고 있는 당신을 바라볼 수 있도록

나의 친애하는 밤이여
그럼에도 이 밤을 넘어 떠나
다시 돌아오지 않기로 한
다정한 순례자들이여

나는 아직도 이곳에 뒤집혀있습니다
용감한 자포자기와 함께
뒤집힌 카드들의 운명이란
떨리는 마음을 항상 마주하는 일이겠지요

한밤중 구겨진 이불의 주름을
베갯잇 없이 벌거벗은 베개의 감촉을
누군가를 기다리다 목이 휘어진 가로등 불빛을
창문 밖 흉악한 가래침 소리를
하나씩 마주하는 일이겠지요

다시 세 장의 카드를 뽑아보세요
좀 더 진실한 마음으로

온점, 종점.

나는 이제 종점에 내리지 않아

뭐 대단한 선언도, 행동도 아니지만
내가 그리움이란 단어를 잊는 방법이었어

그러다 문득
우리가 누워있던 벤치가 생각나네
하늘은 초록빛 내음을 머금고 있던

아,
오늘 내릴 곳이 종점이었던가

아냐.
여긴 내가 누울 벤치도 없어
누군가에게는 설레는
불안한 방송 소리만 나오잖아

나는 이제 종점에 내리지 않아.

영애

식탁 위 올려져 있던 그릇이 깨졌고
그릇을 건드린 이는 없었다
차가운 나무 바닥이 산산조각 난 그릇으로 엎질러져 있을 뿐이었다

영애야, 이게 무슨 일이야?
영애야, 몸을 왜 이리 떨고 있어
영애야, 이거 그냥 그릇일 뿐이야 괜찮아

곤히 자는 별*이 밟으면 안 되기에 얼른 그릇 조각을 치워야 했다
청소기는 안 되고, 고무장갑은 없고, 빗자루도 없다
손으로 치워야 한다
손으로
손
나약한 내 손으로
이미 상처투성이인 손으로

영애야, 그거 손으로 치우면 안 돼
영애야, 기다려 내가 고무장갑이라도 사 올게

있잖아

현숙아,
만약에 우리 별이가 지금 당장 일어나서 그릇 조각을 밟으면 어떡해?
도무지 참을 수 없을 정도로 위험해 보여서 급하게 손으로 치우다가 그릇 조각에 손가락이 잘리면 어떡하지?
네가 오길 기다리며 티비를 보다가 까먹고 그릇 조각을 밟아버리면 어떡해?
마트에 간 줄 알았던 네가 평생 안 돌아오면 어떡하지?
어떡해?
어떡하지?
어떡해?
어떡하지?
…

기도하듯 중얼거리는 입술 그리고 그릇 조각에 고정된 눈, 의지와 상관없이 덜덜 떨리는 몸

영애야, 불안해하지 마

그런 일은 맹세코 절대 일어나지 않을 거야
괜한 걱정과 터무니없는 미래에 사로잡히지 마

영애야.
불안에 휩싸이지 마

*영애가 키우는 고양이 이름

우리는 젖은 계보를 읽으며 하얗게 도착했지

나는 네가 품고 다니는 우기 속에서
비 대신 울음이 되어 주고 싶었는데

속눈썹이 하얀 너는
울 때마다 젖은 홀씨를 흘린다

하얀 슬픔이 심어진다 그들은 습관적으로 자라 울음으로 피어난다 너는 불타는 것 아니 불 위에서 일렁이는 것 재들의 그림자로 그려 읽히지 않는 악보 같은 것 발각되지 않기 위해 뛰어든 것 잃어버리지 않기 위해 훔친 것 훔친 벽에 바다를 바르며 수몰되는 것 숨 막히는 것 숨 막히게 위태로운 것 위태롭게 고백하는 것

죽음과 묵음 사이에 얼마나 많은 울음이 쏟아졌는지
알고 있어 슬픈 것

극명하게 사랑스러운 것아

녹아내리는 것들의 이름을 한 번도 불러 준 적이 없다
우리는 늘 절망과 악수했으므로

하얗게 미끄러진다 다 자란 뼈를 보고 싶어 습관적으로 사진을 찍는다 닳아 버리기 전 아니 불타기 전 찍은 가슴뼈가 나의 영정이 되어 주기를 읽히지 않는 표정들을 숨겨 놓은 곳 이름을 지어 주지 못한 노래가 담긴 곳 누군가는 파도를 닮았다 위태롭게 고백해 주길 바라는 곳 그렇게 갇혀 있는 바다를 훔쳐 주기를

너는 내가 부르는 불안이었고
고독이었으며 어쩌면
나였던 것

손톱을 깎아 주는 게 다정이고
물어뜯게 만드는 게 사랑이라면

지금까지 삼킨 하얀 사랑들이
마음의 방파제가 되어 침잠하기를

젖은 것들의 이름을 불러 주기를

이어지는 밤

기억나
혼자서만 뒤척이던 밤
창문을 닫아놓은 방은 무더워서 자주 깨어나곤 했다

문은 굳게 닫혀 있다

벽지는 어떤 색인지 알 수 없게 어둡지만
서로를 꼭 껴안은 채로
고인 땀이 방에 이불을 편다

바깥에는 처음 보고 신선하고 정갈한 바람이 불 텐데

우린 꿈이 없을 거야
밤이 길어지면 창문 너머 떠밀려가는 생각들을 입안으로 구겨 넣었다

엄마 오늘도 창문이 흔들려
이건 엄마의 밤에서부터 이어진 장마인가 돌풍인가

집은 반지하의 키를 벗어났지만

눌어붙은 땀띠와 하얀 벽은 여전히 어둡고
방은 엄마가 꿨던 꿈의 크기로 구겨진다

좁아 엄마
우린 웅크린 채 비슷한 꿈을 꿨던 것 같아
무덥고 어지럽고 눈 뜨면 바스러지는 주고받지 못한 편지
수채화 같은 꿈

여전히 계절감을 몰라
원하는 온도가 찾아오지 않는 건

내가 비슷한 옷을 입고
비슷한 직장을 다니고
비슷한 말버릇을 가졌기 때문일까

이젠 창문을 열게
내겐 장마가 오겠지 한 번 열린 문은 닫히지 않을 거야
우리의 반지하는 형체를 알 수 없게 잠길지도 몰라

그러니 기억하지 마
깨어나면 자세히 꿈 얘기를 해줄 테니까

초록 사막의 진홍 낙타

초록 사막에는 초록 모래가
초록 초록 밟힌다

초록 나뭇잎 먹고 자란
초록 초록 애벌레
한껏 웅크렸다 도약
힘껏 구부렸다 전진

어젯밤 꿈에서 오로라를 보았어요
꿈에서만 그리던 터질 듯한 녹색
초록 다음엔 무슨 색이 올까요
초록 다음엔 초록 아닌 색이 오겠죠?

그렇구나 너는 그래서
초록을 먹고 초록을 띠고 초록 초록
초록을 벗어나지 못해서 열심이구나

위로처럼 부드럽게 내려앉은 엄지손가락
끝내 다른 색을 피우지 못한 자리에선
녹색 즙이 흘렀다

사막에는 물기가 없어
초록 사랑도 초록 눈물도 초록 비명도
빛을 잃은 채 윤곽만 남긴다
우리는 왜 스러진 흔적으로 서로를 구별하게 되어버렸나

초록 사막에 사는 진홍빛 양봉 낙타
뒷발을 떼지 못하면 다음 발을 내디딜 수 없어
그렇지만 우리는 낙타로 남자
느릿느릿 터덜터덜,
단 한 발짝도 생략될 수 없는 걸음으로

음매음매 낙타 옆에 따당따당 사냥꾼
총을 겨눈다
무너지는 자세 그대로 사랑하기
닥쳐오는 파도로부터 모래성을 감싸 안는 아이처럼
허물어지는 기억 그대로 살아가기
파도야 파도야
여기만은 오지 말아주렴 울먹이는 아이처럼

기나긴 밤 끝에서 새벽이 오면
스크류바가 되어 녹아내릴 것
진홍의 정규분포는 진동으로, 다시 실선으로, 하지만

태어난 모든 것들은 떨림이 있다

반히

기울어지는 마음에는
기댈 수 있는가

구겨진 생각에는
자국이 남는다

모든 상흔을 상기하여
새로 날 상처를 줄이는 것

어차피 삶은
삶은 어차피

다 죽어가는 마음으로
다 살아내고 웃으면 그만

고스트

네 불안 가져가 줄게
불안을 먹는 유령
유령에게 맡겨

네 숨결
누가 머문 틈 다 비워줄게

갉아 먹히는 걸 알고도 마음을 준다
내 마음은 너무 넘쳐서 쓸모 없는 것들이야 이런 마음이라도 너는 좋아?

네 마음은 사향고양이에게서 나온 원두콩 같아
쓰디쓰고
나는 그것으로 커피를 달여 마신다

내가 못돼 보이나요
재수 없고

유령은 본디 그런 거 몰라요, 그저 불안 속에 기생할 뿐이야

이렇게 좋은 숙주가 어딨나요?
라고 물었더니
내가 그리 좋으신가요라는 대답이 돌아왔다

네 서늘한 마음은 내가 다 가져가고
너는 내 그늘 속에 숨지
나는 그런 너를 보며 더 길게 자라난다

나무가 아닌데 나무가 된 것만 같아

너는 유령인 나를 살아나게 한다

어느덧 형상이 아닌 것이 식물이 될 때
너를 내 품에 드리우고
너는 잠잔다

눈이 다 감길 때까지 몰래 내려다본다

네 마음의 밀도가 **빽빽**해질 때
나는 네 불안을 먹고 자라고 자라서

너의 꿈에 나타날게

울어도 된다고 해줄게

어느덧 자라서 두 명의 각자가 되네

비로소 우리는 친구가 되었네
유령과 인간은

나는 네 불안을 먹고 기생하는 유령
네 불안 다 가져가 줄게

소멸

저 먼바다에서도, 우주 속 암흑 어딘가에서도
서로가 가진 감정을 꾹꾹 눌러 입 밖으로 꺼내지 말자.
 눈빛 너머 서로의 감정을 읽고 눈동자에 투영되는 우리를 서로 기록하자.
 말하지 않은 모든 것들은 함께 소멸될 테니까.

불꽃은 파장이 짧을수록 파란색을 띤대

야,
새벽은 왜 새벽일까

잠옷은 불안을 걸치고 꿈의 가위는 숙면을 자르는데
문지방을 넘을 때마다 걸려 넘어지는 베개인데
침대에 두 눈을 내어주어도 떨리는 눈꺼풀인데
똑바로 누워도 시선을 거두지 않는 전등인데

어느 사이비의 광신도가 되었지
뒤척일수록 길어지는 파란 그림자에
젖은 성경을, 젖은 손발을 풀어놓았지
그렇게 물고기가 되어 찬송가를 부르고
우리의 실핏줄은 그들의 헌금이 되었지

그저 목덜미에 얼음을 들이붓는 손목을
낚아채고 싶었을 뿐인데
자석 위에 앉은 나침반의 표정으로,
뼈대만 남은 불난 집에

살림을 차린 기분이란

그러나 얀,
처음으로 이름으로 불릴 때 기분이 어땠어?

선생님이 알려줬어
불꽃은 파장이 짧을수록 파란색을 띤대
가스레인지가 파란 불꽃을 일으키는 이유래
자주 틱틱거리는 이유는 데우고 싶은 마음이래

돌아본다고 돌아오지 않을뿐더러
다가온다고 해서 다가갈 필요가 없다는 사실을

그러니까, 자주 뒤돌아본다는 건
너의 이름을 불러야 한다는 뜻

그러니 얀,
네가 부를 차례야

배웅

7분 뒤에 세상이 끝난다면
우리는 포옹이 좋을까 눈맞춤이 좋을까
둘을 동시에 할 수는 없어서

어제 뉴스를 봤어
네가 틀어놓는 매일 8시 뉴스엔
7분 후를 맞아 느닷없는 이별들이 천지야

그래서 네가 출근하기 전에
너를 안고 말하는 거야
꼭 안고 깊이 눈을 맞추며 말하는 거야
사랑해
잘 다녀와
꼭 다녀 와

얼굴

불안이 만든 어스름이 스몄다
어스름만큼의 어둠인데
얼굴은 움직일 수가 없다
웃음으로도
울음으로도

어디로도 갈 수 없는 얼굴은
어디로든 간다
희미한 어스름 속에서
선명하게 보이는 걸 파는 데로 간다
안경을 걸쳐보고
오히려 어지러워지는 바람에
벗어두고 돌아 나온다

흠이 없는 건 분명할까
흠 잡히지 않도록
깨끗한 옷을 파는 데로 간다
하얀 셔츠를 입어보는 줄 알았는데
거울에 얼굴이 그대로 비친다
깨끗함은 투명이라고 점원이 말한다
투명 셔츠 아래로 어스름이 드러난다

아무 일도 일어나지 않으면
뚜렷하지 않아도 되겠지
얼굴은 가만히 있기로 한다
지나가는 사람들만 쳐다본다
걷는 얼굴들은 윤곽이 뚜렷하다
움직이는 건 살아있고
가만히 있는 건 살아있지 않다
고개를 들어보니 어둡다

어두워지고서야
어스름에서 움직이려면
어스름에서 또렷하려면

  빛이 드는 오후의 거실로 간다
  볕에 놓인 빨래가 말랐는지 만져 본다
  해를 먹고 크는 동생의 화분을 들여다본다
  형광등 빛이 성에 안 차 커버까지 벗겨둔 아빠의 방에
들어간다
  별 아래 기도하는 엄마의 소리를 듣는다
  언제나 있는 것들에게 간다
  언제까지나 있었으면 하는 것들에게 간다

파도시집선 017

불안

초판 1쇄 발행 2024년 9월 22일 추분
　　2쇄 발행 2025년 6월 17일

지 은 이　| 오지유 외 51명
펴 낸 곳　| 파도
편　　 집　| 길보배
등록번호　| 제 2020-000013호
주　　 소　| 서울특별시 서대문구 증가로 17길 38
전자우편　| seeyoursea@naver.com
I S B N　| 979-11-93627-03-7 (03810)

값 10,000원

ⓒ 파도, 2024. Printed in seoul, korea.

* 이 책의 판권은 지은이와 파도에게 있습니다. 양측의 서면 동의 없는 무단 전재 및 복제를 금합니다.
* 맞춤법과 띄어쓰기는 원본에서 기인하였습니다.
* 파도시집선 참여 작가들의 인세는 매년 기부됩니다.